내가 디자인 책

백명식 글·그림

강화에서 태어나 서양화를 전공했고, 출판사 편집장을 지냈습니다.
어린이들이 좋아하는 책을 쓰고 그릴 때 가장 행복합니다.
그린 책으로는 《자연을 먹어요(전 4권)》《WHAT 왓? 자연과학편(전 10권)》시리즈,
《책 읽는 도깨비》 등이 있으며, 쓰고 그린 책으로는 《돼지 학교(전 40권)》
《인체과학 그림책(전 5권)》《맛깔나는 책(전 7권)》《저학년 스팀 스쿨(전 5권)》
《명탐정 꼬치의 생태 과학(전 5권)》 시리즈 등이 있습니다.
소년한국일보 우수도서 일러스트상, 소년한국일보 출판부문 기획상,
중앙광고대상, 서울 일러스트상을 받았습니다.

냄새 나는 책 4 트림

백명식 글·그림

1판 1쇄 인쇄 2016년 4월 12일 | 1판 1쇄 발행 2016년 4월 29일 | 펴낸이 정중모 | 펴낸곳 파랑새 | 등록 1988년 1월 21일(제406-2000-000202호)
주소 경기도 파주시 회동길 121 | 전화 031-955-0670 | 팩스 031-955-0661~2 | 홈페이지 www.bbchild.co.kr
전자우편 bbchild@yolimwon.com | ISBN 978-89-6155-672-9   77470, 978-89-6155-668-2(세트)

©백명식, 2016

· 책값은 뒤표지에 있습니다.
· 저작자와 출판사의 허락 없이 이 책의 일부 또는 전체를 인용하거나 발췌하는 것을 금합니다.

냄새 나는 책

트림

백명식 글·그림

파랑새

차례

트림은 왜 나올까? 8

트림을 자주 하면 건강에 문제가 있는 걸까? 10

트림이 잘 나오는 음식은 뭘까? 12

트림은 방귀와 성분이 같을까? 14

트림할 때 주의할 점은 뭘까? 16

어린 아기도 트림을 할까? 18

트림을 하는 또 다른 이유는? 20

트림을 해야 예의가 바르다고? 22

트림을 하면 환경이 오염될까? 24

지독한 트림을 만드는 지독한 음식은 뭘까? 26

고래가 트림하면서 뱉어 내는 보물은 뭘까? 28

트림을 줄이려면 어떻게 해야 할까? 30

쿵쿵쿵! 트림동화 거대한 먹보 공룡의 향기로운 트림 32

낱말풀이 40

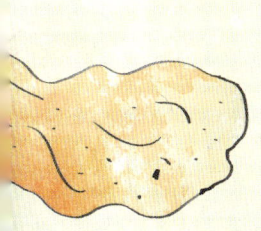

달그락달그락 맛있게 식사 중.

저마다 그릇에 담긴 음식을 깨끗하게 비웠어.

끄윽!

덩치가 제일 커다란 코끼리가 시원하게 트림을 했어.

끄윽!

꺽!

모두들 트림을 했어.

트림은 왜 나올까?

트림은 위 속에 있는 가스가 장으로 내려가지 않고
식도를 타고 올라와 입 밖으로 나오는 거야.
가스가 좁은 식도를 통과하면서 끄윽, 꺽 하는 소리가 나지.
트림에는 우리가 음식을 먹으면서 함께 삼킨 공기도 있고
소화 과정에서 생긴 가스도 있어.

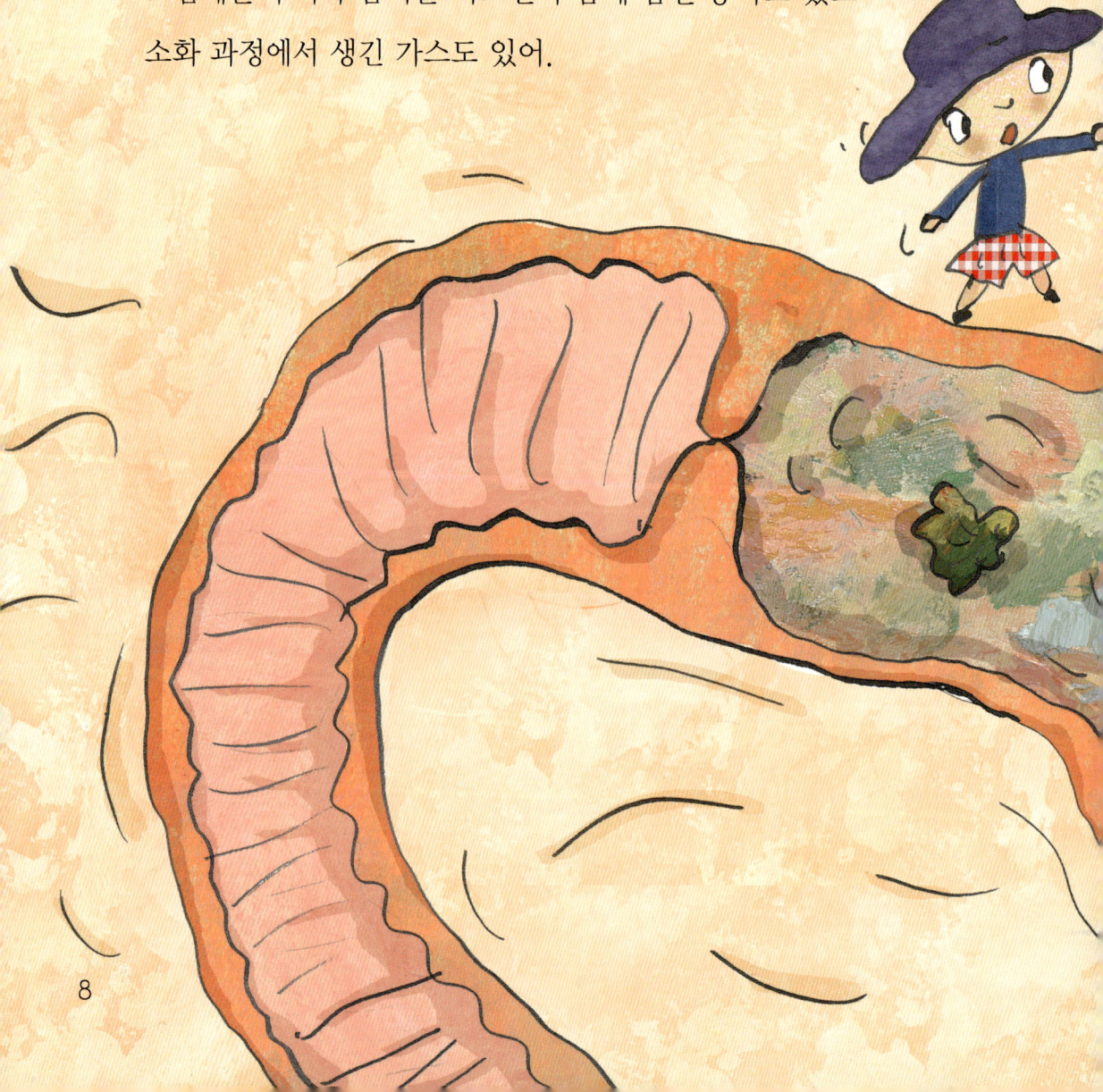

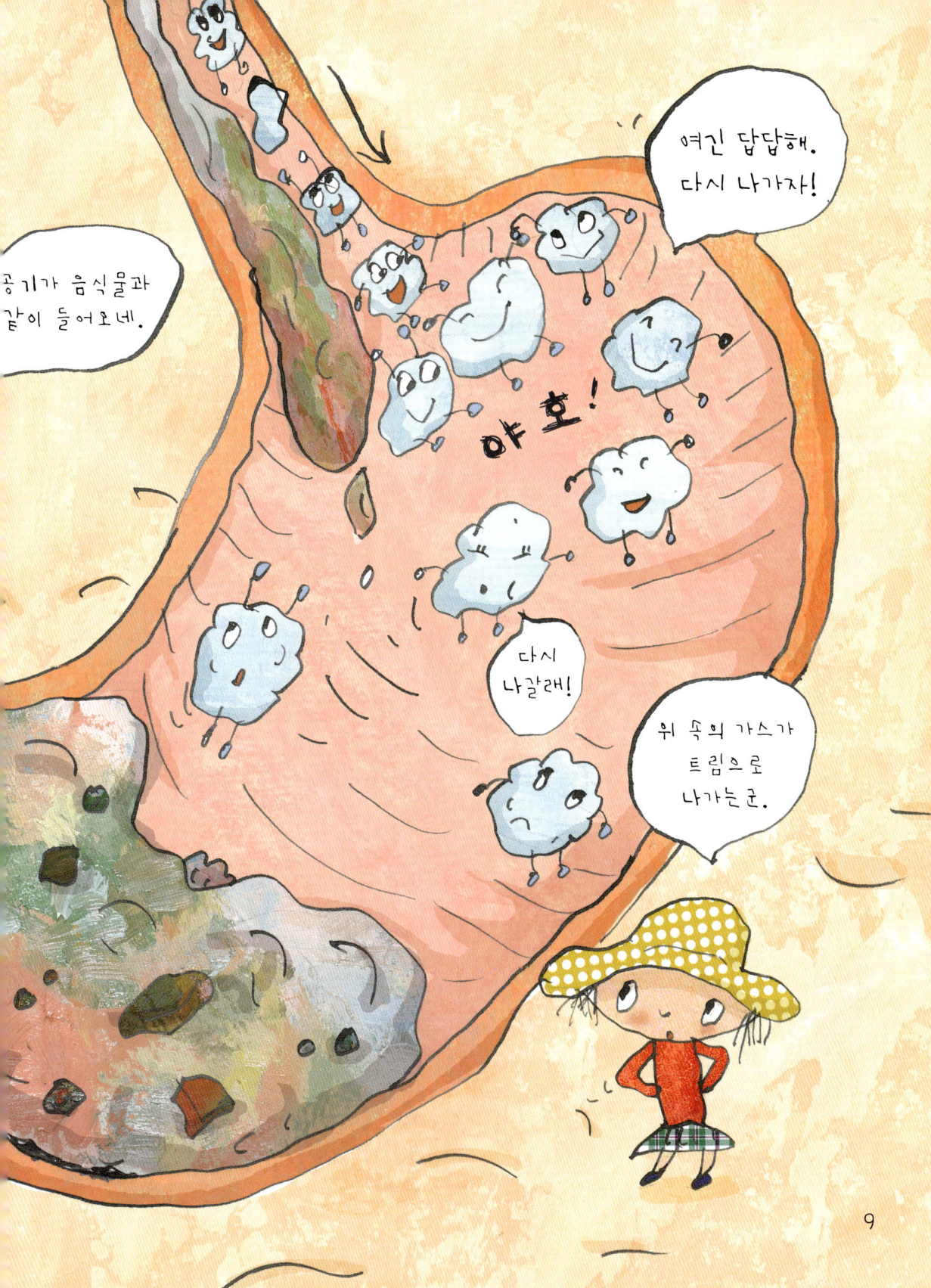

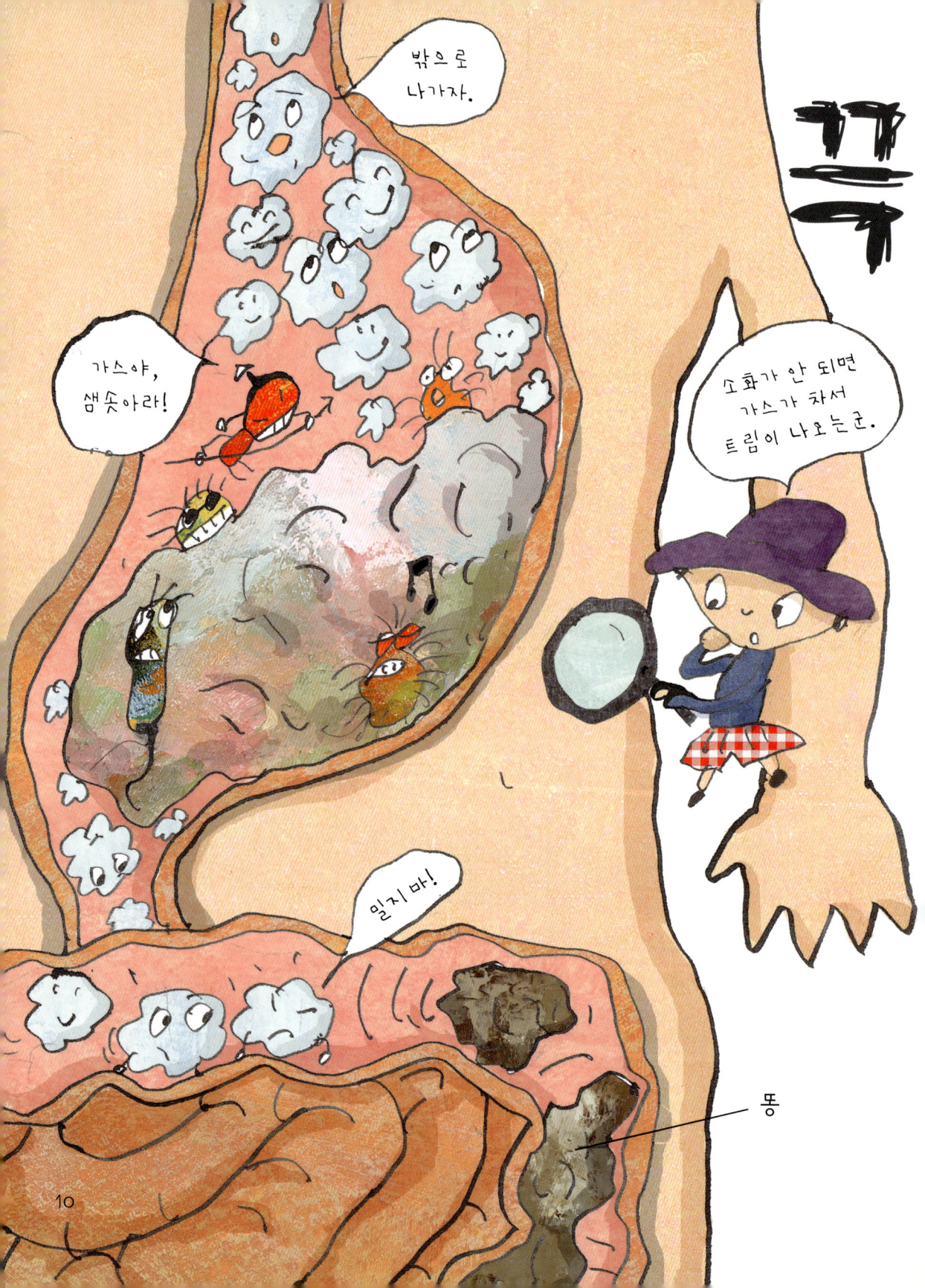

트림을 자주 하면 건강에 문제가 있는 걸까?

잦은 트림은 건강의 적신호야.
우유, 콩 같은 발효 음식을 너무 많이 먹거나 과식을 하면
위에서 제대로 소화를 시키지 못해 노폐물이 쌓여.
그러면 세균들이 그것들을 계속 분해하면서 가스가 차고
고약한 냄새가 나는 트림을 자주 하게 되는 거야.
하루에 수백 번씩 끅끅 트림을 한다면
혹시 소화 기능에 문제가 없는지 알아보는 게 좋아.

트림이 잘 나오는 음식은 뭘까?

시도 때도 없이 끅끅 나오는 트림이 창피하다면
고기나 탄산음료, 기름진 음식을 적게 먹도록 해.
음식을 먹을 때는 천천히 먹고,
음료수를 마실 땐 되도록 빨대 없이 마시는 게 좋아.
껌이나 사탕 같은 군것질거리도 줄이는 게 좋지.

트림은 방귀와 성분이 같을까?

트림은 식도나 위에 있던 가스가 입을 통해 나오는 거고,
방귀는 위와 장에서 생긴 가스가 항문을 통해 나오는 거야.
트림은 몸속에 오래 머물지 않은 가스라 냄새가 덜해.
하지만 장 속에서 오랜 시간 음식물이 분해되며 생긴 방귀는
아주 고약한 냄새를 풍기지.

트림할 때 주의할 점은 뭘까?

마늘이나 김치처럼 냄새가 심한 음식을 먹은 뒤엔
되도록 주변에 사람이 없는 곳에서 트림을 하도록 해.
자리를 피할 수 없다면 되도록 소리가 나지 않게
손으로 입을 가리고 트림하는 것이 좋겠지?

어린 아기도 트림을 할까?

아기들은 아직 소화 기관이 발달하지 않아서
먹은 것을 토하는 경우가 많아.
위에 있는 괄약근은 음식물이 역류하는 것을 막아 주는데
아기들은 이 괄약근이 약해서 먹은 것이 다시 올라올 때가 있거든.
이럴 때는 등을 토닥토닥 두드려 트림이 나오도록 해 줘야 해.

트림을 하는 또 다른 이유는?

긴장하거나 불안할 때에도 트림을 자주 할 수 있어.
마음이 불안할 땐 무의식중에 많은 양의 공기를 삼킬 수 있거든.
또 입안에서 쓴맛이나 신맛이 나는 신트림이 나온다면
음식물이 위 속에 머물며 부패하거나 발효되고 있다는 신호야.

트림을 해야 예의가 바르다고?

캐나다에 사는 이누이트들은 식사 후에
남들 보는 앞에서 소리를 내며 트림을 해야 해.
그들에겐 트림이 '잘 먹었습니다!'라는 인사거든.

트림을 하면 환경이 오염될까?

소가 내뿜는 트림과 방귀에는 메테인이 들어 있어.
메테인은 지구 온난화를 일으키는 온실가스로,
이산화 탄소보다 24배나 온실 효과가 큰 기체야.

소가 트림으로 내뿜는 메테인은 1년에 약 21억 톤이나 돼.
전체 온실가스의 4퍼센트를 차지하는 어마어마한 양이지.
그래서 많은 학자들이 소의 트림을 적게 발생시키는
가축용 사료나 소화제를 개발하고 있어.

지독한 트림을 만드는 지독한 음식은 뭘까?

먹는 음식에 따라 트림의 냄새도 달라져.
스웨덴에는 청어를 발효시킨 '수르스트뢰밍'이란 음식이 있어.
수르스트뢰밍은 냄새가 고약하기로 유명한데
스웨덴 사람들은 이것을 빵에 발라 먹지.
우리나라에도 이에 지지 않는 음식이 있어. 바로 삭힌 홍어야.
코를 찌르는 홍어 냄새는 맡아 본 사람만이 알 거야.

수르스트뢰밍

삭힌 홍어

추운 지방의 이누이트들이 먹는 '카비약'도 빼놓을 수 없지.
바다제비를 잡아 바다표범의 내장 속에 넣고
3년간 땅속에서 숙성시킨 뒤 꺼내 먹는 요리야.
그 맛이 어떨지 상상할 수 있겠니?
이런 음식을 먹고 트림을 한다면 냄새가 어떨까?

고래가 트림하면서 뱉어 내는 보물은 뭘까?

고래의 트림 소리는 엄청나게 커서 수 킬로미터 밖에서도 들려.
향유고래는 이따금 대포처럼 큰 소리로 트림을 하면서
'용연향'이라는 희귀한 물질을 뱉어 낼 때가 있어.
용연향은 대왕오징어 등의 먹이가 소화되지 못한 지방 덩어리로,
고급 향수의 재료나 약재로 쓰이는 아주 값비싼 물질이야.

용연향은 내 배 속에서 만들어지지.

트림을 줄이려면 어떻게 해야 할까?

트림이 적게 나오게 하려면 음식을 먹을 때
한 번에 꿀꺽 삼키지 말고 천천히 씹어 삼키는 게 좋아.
껌을 씹으면 입안으로 공기가 많이 들어가니 껌도 줄여야 해.
물이나 음료수는 천천히 마시고, 탄산음료는 피하는 게 좋겠지.
그런데 그거 아니? 이가 없어서 틀니를 하는 노인들은
틀니가 입에 잘 맞지 않을 때 트림이 자주 날 수 있다고 해.

트림 끅끅 레스토랑

트림을 삼가 주세요.

썩은 고기도 가끔은 먹을 만해.

거대한 먹보 공룡의
향기로운 트림

숲 속에 아주 커다란 공룡이 살았어.

어찌나 큰지 한번 움직이면 산이 움직이는 것 같았어.

먹는 양도 어마어마해서 거의 하루 종일 쉬지 않고 먹었어.

나중에는 강물에 떠내려 온 쓰레기까지 먹어치웠어.

이것저것 닥치는 대로 통째로 먹었지.

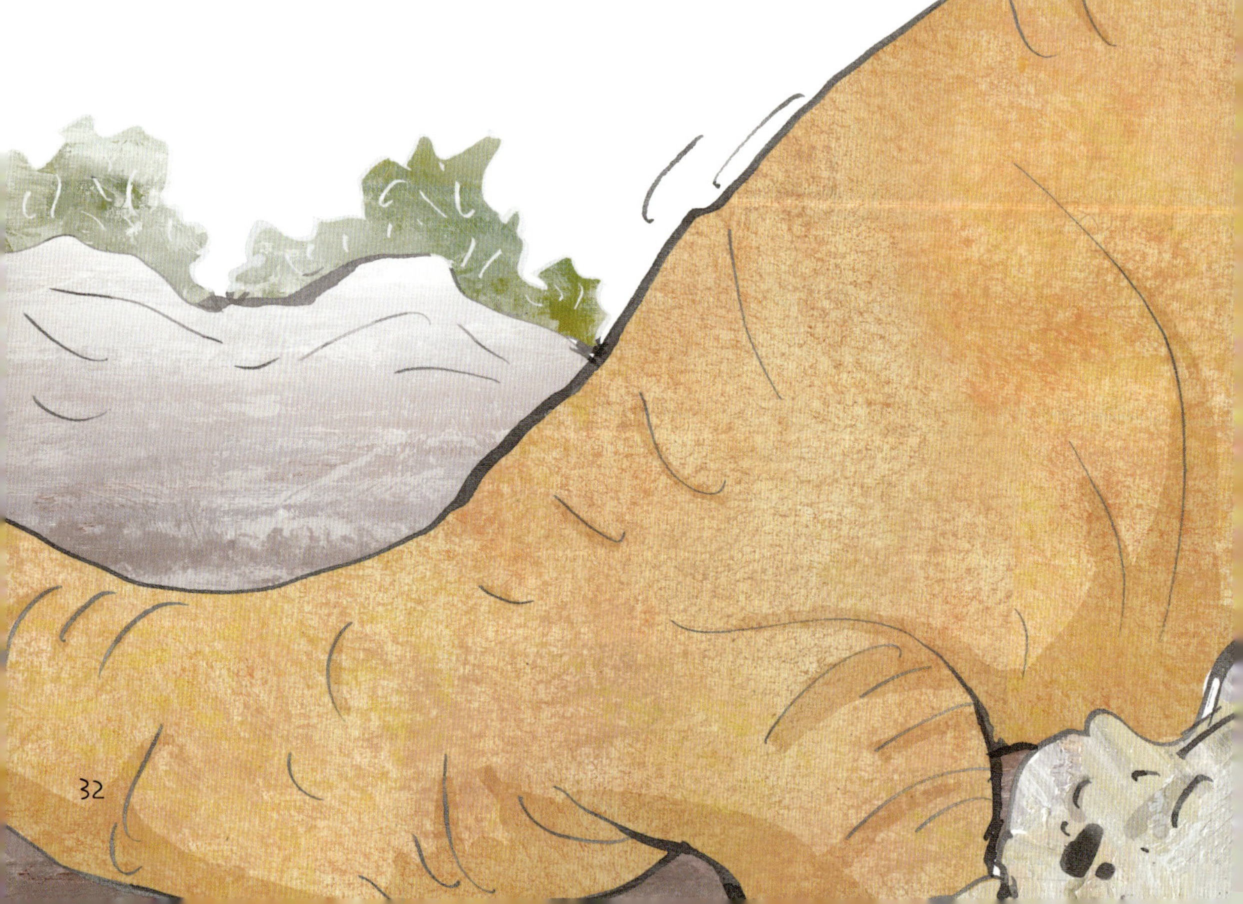

사람들이 버리는 쓰레기의 양은 어마어마했어.
쓰레기를 몽땅 먹어치우니 공룡은 몸집이 더욱 더 커져 갔어.
심지어 모습도 점점 흉측한 괴물처럼 변해 갔어.
곰팡이 핀 스파게티, 시커먼 돈가스, 구정물 수프…….
온갖 쓰레기를 다 먹어치운 공룡이 트림을 했어.

공룡이 트림을 하면 온 세상이 썩은 냄새로 진동을 했어.

사람들은 냄새 때문에 정신을 차릴 수가 없었지.

"냄새 때문에 도저히 살 수가 없어!"

"쓰레기를 줄여야겠어."

사람들은 머리를 맞대고 냄새를 해결할 방법을 궁리했어.

이때 엄마 손을 잡고 나온 꼬마가 큰 소리로 말했어.

"공룡이 먹을 과일 나무를 심어요!"

사람들은 꼬마의 말대로 과일 나무를 잔뜩 심었어.
향기로운 냄새가 나는 온갖 과일이 열리자
공룡은 허겁지겁 달려들어 과일을 먹기 시작했어.
그러자 공룡은 원래 모습으로 돌아오기 시작했지.

산 하나만큼 과일을 먹어치운 공룡이 드디어 트림을 했어.
"꺼억!"
그러자 온 세상이 향기로운 과일 향기로 뒤덮였어.
사람들은 공룡을 위해 나무를 심고 또 심었다고 해.

낱말풀이

괄약근 : '조임근'이라고도 하며 신체 기관의 통로나 출입구를 열고 닫는 역할을 한다. 우리 몸에는 눈, 입, 식도, 위, 작은창자, 요도, 항문 등 50개가 넘는 괄약근이 있다.

노폐물 : 우리 몸속으로 들어온 물질 중 영양분으로 쓰이고 남은 찌꺼기나 건강에 해가 되는 물질을 말한다.

메테인 : 탄소와 수소가 결합한 화합물로, 상온에서 기체로 존재한다. 빛깔과 냄새가 없고 불이 붙기 쉬우며, 자연에서는 유기물이 부패하거나 발효될 때 발생한다. 열을 잡아 두기 때문에 지구 온난화에 큰 영향을 미친다.

발효 : 미생물이 유기물을 분해하여 다른 물질로 변화시키는 것을 말한다. 곰팡이, 효모, 세균 등에 의해 발효가 이루어진다.

세균 : '박테리아'라고도 하며 미생물 가운데 가장 작은 단위의 생물이다.

소화 : 음식물이 몸속에서 영양분으로 흡수되기 위해 잘게 쪼개지는 것을 말한다. 소화되고 남은 찌꺼기는 똥이나 오줌으로 나온다.

식도 : 입에서 삼킨 음식물이 위로 이동하는 통로이다. 목에서 가슴 부위에 곧은 모양으로 자리하며, 근육을 움직여 음식물을 아래로 보낸다.

신트림 : 시큼한 냄새나 맛이 나는 신물이 목구멍에서 입으로 넘어오며 내뱉어지는 트림을 말한다. 시큼한 맛이 느껴지는 이유는 위산이 섞여 있기 때문이다.

역류 : 입에서 삼켜서 식도를 통해 위로 내려갔던 음식물이 다시 식도를 통해 올라오는 현상을 말한다. 음식물의 소화 과정에서뿐 아니라 정상적인 흐름의 반대 방향으로 가는 것을 일컫는 말이기도 하다.

온실가스 : 지구 온난화의 원인이 되는 대기 중의 기체 물질로, 이산화 탄소, 메테인 등이 있다.

위(위장) : 우리가 먹은 음식물이 식도를 통해 몸속으로 들어와 처음 머무는 소화 기관이다. 텅 빈 자루 모양으로, 음식물을 잘게 부수어 작은창자로 보내며, 강한 산성을 띤 위액을 내뿜어 세균을 없앤다.

이산화 탄소 : 탄소와 산소가 결합한 분자로, 상온에서 기체 상태로 존재한다. 우리가 숨을 내쉴 때 몸에서 배출되며, 열을 잡아 두는 성질 때문에 지구 온난화를 일으키는 일등공신이다. 불이 붙는 걸 방해하는 성질이 있어서 소화기에 넣는 약품의 성분으로 쓰인다.

지구 온난화 : 지구의 기온이 높아지는 현상을 말한다. 대기에 있는 온실가스 때문에 지구에서 발생한 열이 우주로 나가지 못하고 머무는 현상 때문에 일어난다.

항문 : 큰창자에 남은 음식물 찌꺼기가 똥이 되어 밖으로 나오는 출구로, 소화 기관의 마지막 부위이다.